CHOIX

DE CANTIQUES

A L'USAGE

DES CHRÉTIENS

DE LA

CONFESSION D'AUGSBOURG,

A PARIS.

A PARIS,

DE L'IMPRIMERIE DE L. HAUSSMANN,

rue de la Harpe, N°. 80.

1812.

NOTA.

Le défaut d'exemplaires suffisans du grand *Recueil de cantiques à l'usage des Chrétiens de la Confession d'Augsbourg à Paris*, a déterminé le Consistoire à faire imprimer le présent Choix, extrait du grand recueil, en attendant qu'il lui soit possible d'offrir à la communauté un recueil plus complet et plus perfectionné.

Le chiffre que porte chaque cantique devant l'indication de l'Air, correspond au numéro du même cantique du grand Recueil, et n'a d'autre objet que de faciliter la recherche des cantiques indiqués chaque dimanche pour être chantés par la communauté.

CHOIX
DE CANTIQUES

A L'USAGE

DES CHRÉTIENS

DE LA

CONFESSION D'AUGSBOURG,

A PARIS.

~~~~~~~~~~~~~~~~~~~~~~~~~~~~~~~~~~~~~

EXISTENCE DE DIEU.

PSEAUME 19.

2. AIR : *Alle Menschen müssen sterben.*

1. LES cieux instruisent la terre
A révérer leur auteur ;
Tout ce que ce globe enserre
Annonce un Dieu créateur.
Quel plus sublime cantique
Que ce concert magnifique !
Que les merveilleux accords
De tous les célestes corps !

2. De sa puissance éternelle
Tout parle, tout nous instruit;
Le jour au jour la révèle,
La nuit l'annonce à la nuit.
~~~~~~~~~~~~~~~~~~~~~~~~~~~~~~~~~~~~~

Ce grand et superbe ouvrage
N'est point pour l'homme un langage
Obscur et mystérieux ;
Il s'annonce à tous les yeux.

3. Dans une éclatante voûte
Il a placé de ses mains
Le soleil, qui dans sa route
Eclaire tous les humains :
Environné de lumière,
Dès qu'il entre en sa carrière ,
Il annonce la grandeur
De Dieu notre créateur.

4. O que tes œuvres sont belles !
Grand Dieu ! quels sont tes bienfaits !
Que ceux qui te sont fidèles
Sous ta loi trouvent d'attraits.
Elle inspire la sagesse ,
Elle éclaire la jeunesse ,
Elle assure à tes enfans
Des plaisirs purs et constans.

5. Soutiens ma foi chancelante ,
Dieu puissant ! inspire-moi
Une crainte vigilante ,
Un saint amour pour ta loi.
Reçois-moi dans ton service !
Fais que j'abhorre le vice !
Et que , par la charité ,
J'imite, ô Dieu ! ta bonté.

4. Air : *Wie gros ist des Allmœchtgen Güte.*

1. Les êtres ont tous leur langage
Pour célébrer leur créateur.
Il n'est rien qui ne rende hommage
Dans l'univers à son auteur.
L'astre brillant de la lumière,
Par son éclat majesteux,
Dans tout le cours de sa carrière,
L'annonce, en parle à tous les yeux.

2. Il est sa véritable image :
Mais Dieu peut-il se concevoir !
Notre œil, qui de loin l'envisage,
De trop près n'ose point le voir.
Je connois un Dieu, je l'adore,
De ses bienfaits mon cœur jouit,
Quel est-il ? mon esprit l'ignore,
Et son grand éclat m'éblouit.

3. L'insecte, qui, dans la nature,
Est le plus vil, le plus petit,
Prêche à nos yeux par sa structure
La main savante qui le fit.
O quel spectacle magnifique
Que les organes de son corps !
Quelle admirable mécanique
Que ses invisibles ressorts.

4. Ce que je sens en moi qui pense,
Ne prouve-t-il pas clairement

Une suprême intelligence,
Dont je tiens mon entendement?
Quoi ! je pourrois parler en sage
Et des moyens et de la fin ?
Et je devrois cet avantage
Aux lois d'un aveugle destin ?

5. Non, le système de l'impie
N'est tout au plus que dans son cœur,
Et c'est plutôt une folie,
Qu'un sentiment ou qu'une erreur.
Si, lorsque sa raison sommeille,
Il goûte un calme séducteur,
Le cri de l'univers l'éveille,
Et lui rappelle un créateur.

6. Qui du maître le plus habile
Dans le monde ne voit point l'art,
Ne devroit voir dans une ville
Que l'ouvrage d'un vain hasard.
Pour moi, Divinité suprême !
Je ne puis vouloir t'ignorer ;
Je te sens agir en moi-même,
Et partout j'aime à t'adorer.

DIEU PUISSANT ET BON.

7. AIR nouveau.

1. JE chanterai, Seigneur ! tes œuvres magnifiques,
Ton auguste pouvoir, ta suprême grandeur.
Aux concerts de tes Saints j'unirai les cantiques
Que pour toi me dicte mon cœur.

2. O que de l'Eternel la parole est féconde !
L'univers fut jadis l'ouvrage de sa voix.
Il dit : les élémens, le ciel, la terre et l'onde
    Sortent du néant à la fois.

3. Le monde passera. Ce superbe édifice
Un jour s'ébranlera jusqu'en ses fondemens.
Ta sagesse, grand Dieu ! ta bonté, ta justice
    Subsisteront dans tous les temps.

4. Par de nouveaux bienfaits ta puissance sublime
S'annonce chaque jour à nos cœurs attendris ;
Dans nos vives douleurs ta bonté nous ranime :
    Elle est attentive à nos cris.

5. Un bonheur éternel sera la récompense
De qui, fuyant du mal la trompeuse douceur,
Aura, dès ici-bas, placé dans l'innocence
    Le vrai, le souverain bonheur.

6. Quand je chante, ô mon Dieu ! tes œuvres
    magnifiques,
Ton auguste pouvoir, ta suprême grandeur,
Daigne écouter, Seigneur ! les vœux et les cantiques
    Que pour toi me dicte mon cœur.

DIEU CONNOIT TOUT.

PSEAUME 139.

8. AIR : *Alle Menschen müssen sterben.*

1. SEIGNEUR, tu m'as donné l'être,
La vie et le mouvement :

Le jour, que tu me fis naître,
Tu sus mon dernier moment.
Que l'homme agisse ou repose,
Ce qu'il fait, ce qu'il dispose,
Ce qu'invente son esprit,
Avant les temps fut écrit.

2. De ta sagesse infaillible
J'adore les profondeurs,
Dieu ! qui seul inaccessible,
Sondes les replis des cœurs,
Que j'agisse, ou que je pense,
Tu me vois; tu lis d'avance
Mes vœux encor loin de moi :
Tout est présent devant toi.

3. Incertain, je délibère ;
Déjà mon choix t'est connu :
Tu pénètres le mystère
Du cœur le plus corrompu.
Sous une invisible flamme,
Dans le conseil de mon ame,
Tu descends : témoin secret,
Tu prononces mon arrêt.

4. Où fuir, où cacher ma course
A mon juge souverain ?
Il n'est ni lieu, ni ressource
Pour échapper à sa main.
Si des airs perçant les routes,
Je monte aux célestes voûtes,
Ce Dieu puissant s'offre à moi :
Par tout c'est Dieu que je vois.

5. Je croyois que la nuit sombre
Me déroboit à ses yeux :
Mes plaisirs cachés dans l'ombre
Étoient vus du haut des cieux.
Apprenez à le connoître,
Mortels, cet auguste maître,
Qui veille quand vous dormez,
Ce Dieu, qui vous a formés.

6. Sa science offre à sa vue
Nos désirs et nos destins.
Sa main, sur nous étendue,
Conduit nos pas incertains.
La nuit la plus ténébreuse
Est pour lui plus lumineuse,
Que le jour ne l'est pour nous.
Son œil nous distingue tous.

7. Créateur de tous les êtres !
Dans ton amour paternel,
Pour nous former, tu pénètres
L'ombre du sein maternel.
Ton souffle ennoblit la fange,
Qui compose le mélange
De mes os et de mes chairs,
De tous mes membres divers.

8. Tu fais ta plus douce gloire
Du bonheur de tes amis.
Dans les champs de la victoire
Toi-même tu les conduis.
Bientôt leur race innombrable
Surpasse les grains de sable

Qui couvrent les bords des mers.
Gloire au Dieu de l'univers !

INFINITÉ DE DIEU.

13. AIR : *Wie gros ist des Allmaechtgen Güte.*

1. ENLEVEZ-MOI, saintes pensées !
Au-dessus du séjour mortel.
Les bornes à l'homme tracées
N'enchaînent point l'Etre éternel.
Sans limites, incorruptible,
Il vit, il règne dans les cieux ;
Une lumière inaccessible
Le dérobe à nos foibles yeux.

2. Envain l'esprit fini s'élance
Pour arriver à sa hauteur.
Qui peut comprendre son essence ?
Qui peut s'égaler au Seigneur ?
Législateur et roi suprême,
Ceint de force et de majesté,
Lui seul existe par lui-même,
Et sans lui rien n'eût existé.

3. Mortels ! le monde est son ouvrage ;
Louez son nom par vos concerts.
D'esprits créés à son image
Son souffle a peuplé l'univers.
Moi-même, enfant de la poussière,
Il me forma pour le bonheur :
Grand Dieu ! puisse ma vie entière
Etre un saint hymne à ton honneur !

4. De ce maître que je révère,
Mon âme ! exalte la grandeur.
Que sa loi sainte me soit chère,
Et rien ne manque à mon bonheur.
Sur ses volontés éternelles
Réglons tous notre volonté
A ses adorateurs fidèles
Il promet la félicité.

DIEU CRÉATEUR.

15. AIR : *Wachet auf, ruft uns die Stimme.*

1. CÉLÉBRONS, peuple fidèle !
La grandeur, la gloire immortelle
Du bienfaiteur de l'univers !
Chrétiens ! bénissons le règne
Du père céleste qui daigne
Nous combler de ses dons divers.
  Accordez vos accens ,
  Allumez votre encens
    A la gloire
    De l'Éternel.
    Esprits du ciel !
Secondez-nous de vos concerts.

2. Grand Dieu ! Le ciel que j'admire,
L'immensité de ton empire
Absorbe mon entendement.
Quoi ! cette terre féconde ,
Où ta bonté divine abonde
Ta main la tira du néant !

Tu parlas, elle fut.
La lumière parut
    A ton ordre
    Un mot suffit,
    Tout obéit
Au gré du maître tout-puissant.

3. Et la terre vit paroître
L'homme, ton image, son maître
Et l'ami de son créateur.
Tu fis passer dans son âme
Un rayon céleste, une flamme
De l'amour divin dans son cœur.
    Tu dis : « Vivez heureux,
    « Mais vivez vertueux
        « Sur la terre,
        « Et chaque jour
        « Votre séjour
« Sera le séjour du bonheur. »

4. Dieu bienfaiteur ! je découvre
A chaque pas ta main qui s'ouvre
Pour prévenir tous nos souhaits.
Plaines, vallons et montagnes,
Sombres forêts, riches campagnes,
Je l'apperçois sous vos attraits.
    Tu bénis nos sillons,
    Tu dores nos moissons
        Chaque année ;
        Et nos côteaux
        Sont des tableaux
Où tu te peins par tes bienfaits.

5. Mille fois heureux les hommes,
O notre père ! si nous sommes
Des enfans dignes de ton choix.
Si morts aux charmes frivoles
Du monde, et foulant ses idoles,
Nous n'obéissons qu'à ta voix.
    Car l'immortalité
    Et la félicité
       Sont promises
       A tes enfans
       Persévérans
Dans l'amour de tes saintes lois.

DESTINATION DE L'HOMME.

17. Air : *Wer nur den lieben Gott lässt walten.*

1. Esprit, image de Dieu même,
Ame immortelle qu'il créa,
Célèbre cet Etre suprême,
Du néant il te retira.
Tu dois sans cesse l'adorer,
Il te forma pour l'honorer.

2. Il mit en toi l'intelligence,
La raison et la volonté ;
Il te donna la connoissance
De ses lois et de sa bonté ;
Chef-d'œuvre de ton créateur,
Tu lui dois toute ta grandeur.

3. Aux chœurs des esprits et des anges
Unis ton hommage et tes vœux :

Rends-lui d'éternelles louanges,
Comme eux il veut te rendre heureux.
Tu vois le passé, l'avenir,
Tu peux connoître, aimer, sentir.

4. Par mon âme je suis moi-même
L'arbitre de ma volonté ;
L'image de l'Etre suprême
Eclate dans ma liberté.
Et si je ne veux m'avilir,
Jamais rien ne peut m'asservir.

5. Dieu ! que ma destinée est belle !
Fais-men connoître tout le prix.
Mon âme doit être immortelle,
Et du trépas tu l'affranchis !
Prépare-moi par ta bonté
Au bonheur de l'éternité.

PROVIDENCE.

20. Air : *Nun ruhen alle Wälder.*

1. Au grand Dieu j'abandonne,
Ma vie et ma personne,
Mes projets et mes vœux.
Sans lui rien ne prospère,
Sans mon céleste père,
Jamais je ne puis être heureux.

2. O sage Providence !
Je mets ma confiance
En tes divins décrets.

J'admire ta puissance,
Je bénis ta clémence,
Qui me comble de ses bienfaits.

3. En sources d'allégresse,
Ta profonde sagesse
Peut convertir nos pleurs.
Quand le mal est extrême,
C'est ta force suprême,
Qui nous soutient dans nos douleurs.

4. La prodigue nature,
D'une saine pâture
Nourrit les animaux.
Et tu pourvois sans cesse
Au besoin qui les presse,
Et dans leur faim et dans leurs maux.

5. Oui, tout ce qui respire,
Atteste ton empire,
Est l'objet de tes soins.
Dieu ! ta main paternelle
Ne négligeroit-elle
Que tes enfans dans leurs besoins ?

6. Mon âme, sois tranquille !
L'Eternel, ton asile,
Prend soin de ton destin ;
Et sa grâce infinie,
Même après cette vie,
S'y veut intéresser sans fin.

7. O bonne Providence !
Je mets ma confiance

En tes divins décrets :
J'attends de ta puissance
Les dons, que ta clémence
Prépare à mes justes souhaits.

NAISSANCE DE JESUS-CHRIST.

25. AIR : *Wie schön leucht uns der Morgenstern.*

1. LA terre attendoit un sauveur
Du ciel, un divin rédempteur,
  Pour finir sa misère.
Dieu dit, et les cieux sont ouverts,
Le fils du Dieu de l'univers
  Descend sur notre terre.
Il vient,   Il tient
Sa promesse ;   Sa tendresse
      Est extrême,
Il vient nous sauver lui-même.

2. Insensibles à tes bienfaits,
Grand Dieu ! nous suivions les attraits
  De l'erreur et du vice.
Ainsi tu voyois tes enfans,
Vils esclaves de leurs penchans
  Courir au précipice.
Sans foi,   En toi,
Sans lumière   Salutaire,
      Et sans guide,
Sans frein, sans appui solide.

3. Tu quittas, Sauveur généreux !
Ton trône pour des malheureux,

    Tu vins bénir la terre ;
Tu vins pour sauver les pécheurs,
Pour ramener nos foibles cœurs
    A notre divin père ;
Ta voix,   Tes loix,
Nous éclairent ;   Régénèrent ,
       Vivifient
Nos cœurs , et les sanctifient.

4. Sois béni, fils de l'Eternel !
Reçois pour ce don immortel
Nos immortelles grâces.
Daigne nous enseigner ta loi ;
   Nous nous abandonnons à toi ,
   Et nous suivrons tes traces.
Instruis,   Conduis
De la terre,   Tendre frère !
     Tes fidèles
Aux demeures éternelles.

〰〰〰〰〰〰〰〰〰〰〰〰〰〰〰〰〰〰〰〰

26. Air : *Vom Himmel hoch.*

1. GRACES et gloire à l'Eternel !
La charité descend du ciel ;
Pour couronner tous ses bienfaits,
Son fils nous apporte la paix.

2. Sois béni, fils de l'Eternel !
Sauveur de l'homme criminel ;
Au lieu d'encens, au lieu de fleurs,
Reçois l'offrande de nos cœurs.

3. Qu'il est auguste, qu'il est beau
Le jour, où près de ton berceau,
J'adore la Divinité
Réunie à l'humanité !

4. Le fatal bandeau de l'erreur,
Couvroit nos yeux, et notre cœur,
Privé de consolations,
Portoit le joug des passions.

5. Tu viens, Sauveur, non pour juger
Le monde, mais pour l'éclairer ;
Pour enseigner la vérité,
La paix et la félicité.

6. Pour nous apprendre à être heureux
Tu viens nous guider vers les cieux ;
Tu nous montres l'éternité,
Pour prix de notre piété.

7. Sois béni, fils de l'Eternel !
Sauveur de l'homme criminel !
Au lieu d'encens, au lieu de fleurs,
Reçois l'offrande de nos cœurs.

32. AIR : *Wie gros ist des Allmaechtgen Güte.*

1. To i, dont la naissance divine
De l'esprit confond les efforts,
Qui du Père, ton origine,
Unis en toi tous les trésors ;

De Dieu l'éternelle sagesse,
L'éternel espoir des humains !
Ecoute les vœux que t'adresse
Le peuple choisi de tes saints.

2. Dans les airs, aux cieux, sur la terre,
Que tout te chante, ô Rédempteur !
Que l'homme, tu deviens son frère,
Pour ton temple t'offre son cœur.
Sagesse, charité, puissance !
Pardonne, fortifie, instruis ;
C'est ainsi que de ta naissance
Nous recevrons les heureux fruits.

SOUFFRANCES ET MORT

DE JESUS-CHRIST.

34. Air : *Alle Menschen müssen sterben.*

1. ABATTUS dans la poussière,
Nous t'apportons le tribut
De notre douleur sincère,
Auteur de notre salut !
C'est nous qui sommes coupables,
Nous, qui sommes punissables,
Et tu meurs dans les douleurs
Pour un monde de pécheurs !

2. Divin Sauveur de ma vie !
Dis-moi, qui t'a pu frapper ?
Les noirs complots de l'envie
N'as-tu pu les dissiper ?

Je crains, hélas, que mon crime,
N'ait désigné la victime
Mourante dans les douleurs
Pour un monde de pécheurs.

3. Tu descendis sur la terre
Pour nous conduire au bonheur;
Mais de la crèche au calvaire,
Que d'épines, ô Sauveur!
Tu vins du ciel nous instruire,
Mais pour nous y reconduire,
Tu mourus dans les douleurs
Pour un monde de pécheurs.

4. Le juste pour les coupables
A la croix est attaché,
Voilà les fruits déplorables,
Les fruits amers du péché!
Pour nous sauver de ce gouffre
Le fils de Dieu même souffre,
Les plus cruelles douleur
Pour un monde de pécheurs.

5. Quoi, d'épines on couronne
Ton front méditant la paix?
Ton cœur généreux pardonne,
Tu souffres et tu te tais!
Doux Sauveur! je viens apprendre
Le pardon de ton cœur tendre.
Déchiré par les douleurs
Pour un monde de pécheurs.

6. Je ne veux plus te connoître
Péché, tu m'es odieux ;
Je choisis un meilleur maître
Légitime et généreux.
Comment puis-je ne pas vivre
Pour un Sauveur qui se livre
Aux plus cruelles douleurs
Pour un monde de pécheurs ?

7. Au terme de ma carrière
Je leverai sans frayeur
Une mourante paupière
Sur mon divin Rédempteur ;
Je sais ce qui me console,
C'est la divine parole :
Il mourut dans les douleurs
Pour un monde de pécheurs.

---

36. AIR : *Nun ruhen alle Wälder.*

1. Tu vas donc au supplice
T'offrir en sacrifice
Chargé de nos péchés !
Ainsi, Sauveur fidèle
A la mort éternelle
Par toi nous sommes arrachés !

2. Mon amour se ranime
Innocente victime !
Quand je te vois souffrir
Des tourmens ineffables
Pour des frères coupables.
Qui seuls méritoient de mourir.

3. De toi je veux apprendre
A pardonner, à rendre
Les bienfaits pour le mal.
C'est alors, ô mon maître !
Que tu veux me connoître
Un jour devant ton tribunal.

4. Lorsque la calomnie
Et l'odieuse envie
M'abreuvent de leur fiel,
Tu seras mon modèle ;
Comme toi j'en appelle
Au juste juge dans le ciel.

5. Ton exemple m'invite,
Quand mon esprit médite
Sur le juste et son sort,
A chérir, à répandre
La lumière, à défendre
La vérité jusqu'à la mort.

6. Dieu ! si tu me destines
Un sentier plein d'épines,
Je suivrai mon Sauveur.
Pour entrer dans sa gloire
Il consentit à boire
Le calice de la douleur.

7. Ne coulez plus, mes larmes ;
Fuyez, soucis, alarmes !
Je connois un Sauveur ;
Sa doctrine, sa vie,
Sa mort, son agonie
Ne sortiront plus de mon cœur.

37. AIR : *Befiehl du deine Wege.*

1. D'UNE âme recueillie
Contemplons le Sauveur ;
On va trancher sa vie,
O spectacle d'horreur !
Sous la croix qui l'accable,
Il succombe innocent.
Pour un monde coupable,
Je vois couler son sang.

2. Couvert d'ignominie
Abreuvé de douleurs,
Jésus pardonne, il prie
Pour ses persécuteurs.
En mourant il console,
Promet, ouvre les cieux :
Sa dernière parole
Fait encore des heureux.

3. Ah ! combien sa carrière
Etoit riche en bienfaits !
Sa mort donne à la terre
Le bonheur et la paix.
Elle fléchit mon juge,
Et me rend sa faveur ;
La croix est mon refuge,
Ma gloire et mon bonheur,

4. O qu'à jamais mon âme
Bénisse ton amour !
Que sa divine flamme

M'échauffe chaque jour !
Qu'au prochain je pardonne !
Que je sois bienfaisant !
J'obtiendrai ta couronne,
Seigneur, en t'imitant.

38. Air : *Wer nur den lieben Gott lässt walten.*

1. QUEL beau, quel sublime modèle,
Seigneur Jésus ! tu nous donnas,
Lorsque, pour un peuple infidèle
A la mort tu t'abandonnas !
Quel trait de ta divinité
Dans cet excès de charité !

2. Le désastre le plus terrible
Vient tout à coup fondre sur toi.
Mais ton cœur est inaccessible
A toute haine, à tout effroi.
De l'enfer même la fureur
Ne peut altérer ta douceur.

3. Victime d'une troupe altière,
D'hommes cruels et furieux,
Tu fais à Dieu cette prière,
Digne d'un envoyé des cieux :
O mon Père ! pardonne-leur ;
Leur crime est l'effet de l'erreur.

4. Quelle bonté ! quelle noblesse !
Ah ! que ton cœur est généreux !
Même au plus fort de ta détresse,
Que tu parois grand à nos yeux !

Seigneur Jésus ! ton seu aspect
Doit nous remplir d'un saint respect.

5. Ah ! mon Sauveur ! quand je contemple
Ton corps à la croix attaché,
Mon cœur, frappé de ton exemple,
De mes malheurs est peu touché :
Sauveur ! quand je te vois souffrir,
Sur mon sort je ne puis gémir.

6. Oui, toujours je veux me soumettre
Aux décrets de mon Créateur ;
Et, dans tous mes maux reconnoître
La marche d'un Dieu bienfaiteur.
A ton exemple je prendrai
La coupe amère et la boirai.

7. Donne-moi, Seigneur ! le courage
D'endurer mes maux comme toi.
Fais que toujours j'aie en partage
Et ta patience et ta foi.
Fais-moi sentir que le bonheur
Réside dans la paix du cœur.

* * *

41. AIR : *Befiehl du deine Wege.*

1. AUTEUR de ma justice !
Tu viens te dévouer
Au plus affreux supplice,
Afin de me sauver.
Tu te mets à ma place,
Charitable Sauveur !

Par tes tourmens je passe
Du trouble au vrai bonheur.

2. Seigneur ! fais que sans cesse
Je médite avec foi
Cet excès de tendresse
Que tu montras pour moi.
Ta mort, ton agonie,
En affligeant mon cœur,
Y détruiront l'envie
De demeurer pécheur.

3. Quand je me représente
Ton trépas sur la croix,
Je sens mon âme exempte
De terreurs et d'effrois :
Par ta souffrance amère
Tu guéris ma douleur,
Et ta mort salutaire
Achève mon bonheur.

4. Maître plein de clémence
Pendant que je vivrai,
Avec reconnoissance
Ton nom je bénirai
Jusqu'à ma dernière heure,
Sauveur ! qui meurs pour moi,
A toi seul je demeure
Attaché par la foi.

5. Ma course ainsi finie,
Ne m'abandonne pas !
Fais-moi trouver la vie,
Même au sein du trépas.

Dans ma foiblesse extrême
Signale ton pouvoir ;
Que ta bonté suprême
Remplisse mon espoir.

6. C'est de ta main fidèle
Que j'attends mon bonheur,
Lorsque la mort cruelle
Aura glacé mon cœur.
Rempli d'un saint courage,
Je quitterai ces lieux,
Pour prendre mon partage
De tes biens dans les cieux.

RÉSURRECTION DE JÉSUS-CHRIST.

43. AIR : *Befiehl du deine Wege.*

1. JÉSUS sort de la tombe ;
Il vit, il est vainqueur.
Déjà la mort succombe
Au pouvoir du Sauveur.
Triomphons de sa gloire,
Adorons sa grandeur.
Où donc est ta victoire ?
O tombeau destructeur !

2. Pourrai-je craindre encore
Le sommeil du tombeau ?
Le trépas est l'aurore
D'un jour pur et nouveau.

Jésus rend l'existence
Au mortel ranimé
Et remplit l'espérance
Du juste consommé.

3. Jour grand et redoutable,
Où ressuscitera
Le juste et le coupable;
Où Dieu nous jugera !
Vous jouirez, fidèles !
D'une immortelle paix.
Tremblez, pécheurs rébelles !
Pleurez sur vos forfaits.

4. Que la douce espérance
D'un éternel bonheur
Consacre à l'innocence
Mon esprit et mon cœur.
Que dans ma dernière heure
Jésus soit mon appui.
Qu'en son amour je meure,
Pour revivre avec lui.

~~~~~~~~~~~~~~~~~~~~~~~~~~~~~~

44. Air : *Meinen Jesum lass ich nicht.*

1. Jésus est ressuscité,
Le trépas perd son empire.
Je meurs avec fermeté :
Non, la mort ne peut détruire
Les êtres qu'un Dieu sauveur
Créa pour le vrai bonheur.
~~~~~~~~~~~~~~~~~~~~~~~~~~~~~~

2. De la poussière formé,
Je dois retourner en poudre;
Sous la tombe renfermé,
Dans peu je vais me dissoudre;
Mais du sein du monument
Je sortirai triomphant.

3. Jésus précéda les siens;
Il nous a conquis la vie;
De la mort, de ses liens,
Par lui, l'âme est affranchie;
La nuit même du tombeau
Lui fait luire un jour nouveau.

4. L'espoir de l'éternité
Me console et me rassure,
Je sens l'immortalité
Attachée à ma nature,
Quand je vois mon Rédempteur
Fouler la tombe en vainqueur.

5. Vous, que l'excès des malheurs
Livre à la mélancolie,
Cessez de verser des pleurs !
Tous les revers de la vie
Finissent par un sommeil,
Suivi du plus doux réveil.

6. Mort, tu n'es plus qu'un vain nom!
Me dissoudre, c'est renaître;
Et de la corruption
Doit éclore un nouvel être.
Foible enfant de la douleur,
Je revis pour le bonheur.

ASCENSION DE JÉSUS-CHRIST.

48. Air : *Wie gros ist des Allmächtgen Güte.*

1. Divin bienfaiteur de la terre,
Tes grands desseins sont accomplis :
Tu te réunis à ton père ;
Mais sans oublier tes amis :
Ta pure et constante tendresse
S'occupe encore de leur bonheur ;
Leur sort te touche et t'intéresse.
Chantons, célébrons le Seigneur !

2. Qu'avec plaisir je te contemple,
Ceint de gloire et de majesté,
Jésus ! le Rédempteur, l'exemple,
Et l'amour de l'humanité !
Cet éclat pur qui t'environne,
Il est le prix de la vertu !
Ton sacrifice te le donne,
Tes revers te l'ont obtenu.

3. En vain les traits de l'injustice
Poursuivoient tes jours innocens ;
En vain du plus honteux supplice
On te fit sentir les tourmens.
De la mort et de son empire
Ton pouvoir fut victorieux.
Orné des palmes du martyre,
Tu pris ton essor vers les cieux.

4. Vous, qui sans secours, sans refuge,
N'avez que Dieu seul pour appui,
Présentez au suprême Juge
Des cœurs purs et dignes de lui.
Un jour la sage providence
Vous comblera de biens nombreux,
Au-dessus de votre espérance,
Au-dessus même de vos vœux.

50. AIR : *Ach Gott und Herr.*

1. O roi des cieux !   Qui glorieux
     Rémontas de la terre,
Ayant soumis   Les ennemis
     Qui nous faisoient la guerre.

2. Divin Sauveur !   Par ta faveur,
     Ranime et fais revivre
La foi des tiens ;   Guide et soutiens
     Nos efforts pour te suivre.

3. Ne permets pas   Que par l'appas,
     Que nous offre le vice,
Il soit du cœur   Le séducteur,
     Ou qu'il l'appesantisse.

4. Grand Rédempteur !   Notre bonheur
     Se réduit à te plaire,
En observant   Fidèlement
     Ta trace salutaire.

5. Vivant en paix   Par tes bienfaits,
     Sauveur tendre et fidèle !

Nous te suivrons,   Nous chanterons,
   Ta louange immortelle.

6. Apprends, Seigneur !   A notre cœur,
   Ta céleste sagesse.
Et que tes soins,   Dans nos besoins
   Nous rassurent sans cesse.

7. Jésus ! sois-nous   Propice et doux ;
   Que ton pouvoir céleste
Sur tes sujets,   O roi de paix !
   Toujours se manifeste.

8. Par ta faveur,   Divin Sauveur !
   Partageant ta victoire
Nous espérons,   Que nous aurons
   Un jour part à ta gloire.

PENTECÔTE.

56. AIR : *O Gott, du frommer Gott.*

1. DES desseins du Très-Haut quels nouveaux
      interprètes
Lèvent le voile obscur qui couvroit les prophètes ?
Quel étonnant projet aux Apôtres commis !
Le ciel veut que par eux l'univers soit soumis.

2. L'aveugle idolàtrie, en chimères féconde,
Avoit assujéti et dégradé le monde :
Les mortels préféroient, malgré mille bienfaits,
Au Dieu qui les forma, des dieux qu'ils s'étoien'
      faits.

3. Douze hommes inconnus , qu'un feu céleste
      anime ,
Veulent briser le joug de l'erreur et du crime.
Ils partent, vont porter cet oracle en tout lieu :
Mortels ! soyez aimans , imitez votre Dieu.

4. Sans armes , sans appui , sans art , sans appa-
      rence ,
La croix qu'ils annonçoient est leur seule puis-
      sance ,
Sans étude , profonds; sans génie , éloquens ,
Leurs discours sont suivis de prodiges fréquens.

5. L'erreur cède bientôt à la clarté divine ;
Et le jour radieux d'une pure doctrine
Chasse de tous les cœurs l'épaisse obscurité ,
Pour y faire régner l'auguste vérité.

6. Ils domptent sans effort l'erreur opiniâtre ;
Ils confondent le juif, convainquent l'idolâtre ;
Unissant par la foi tant de peuples divers,
Par eux un même esprit anime l'univers.

7. Toi qui les éclairas , dont la sainte influence
Fit passer dans leurs cœurs cette noble assurance,
Esprit divin ! rends-nous dociles à ta voix ;
Epure nos vertus ; grave en nos cœurs tes lois !

DONS DU SAINT-ESPRIT.

57. Air : *Wie gros ist des Allmächtgen Güte,*
ou *air du Ps.* 118.

1. Esprit saint ! descends, viens répandre
Tes clartés au fond de mon cœur ;
Toi, qui jadis daignas descendre
Sur les amis de mon Sauveur !
Par ton pouvoir, par ta lumière
Ils instruisoient l'humanité :
Leurs voix annonçoient à la terre
Un Dieu juste, un Dieu de bonté.

2. Aux dons, qu'ils tenoient de ta grâce,
Si tout me défend d'aspirer,
Du moins il en est à leur place,
Que tu me permets d'espérer.
Tes préceptes, ta connoissance,
Désormais ce sont là tes dons ;
Et j'éprouve ton influence
En profitant de tes leçons.

3. Lorsqu'à mon âme, jeune encore,
On faisoit chérir son devoir,
Qu'on m'apprenoit à mon aurore
Que Dieu seul est tout notre espoir,
Que le crime fait le supplice
Du cœur séduit par ses attraits ;
Quand on m'armoit contre le vice,
Esprit divin ! tu m'éclairois.

4. Tu m'éclaires, quand la nature
Me ramenant à son auteur,
Ma raison s'ennoblit, s'épure,
En s'occupant du Créateur :
Quand, plein de sa magnificence,
L'univers m'offre tour-à-tour,
Et l'empreinte de sa puissance,
Et les traces de son amour.

5. Dans ce temple, ton sanctuaire,
Où je viens affermir ma foi,
Grand Dieu ! ton esprit saint m'éclaire,
Quand j'entends m'expliquer ta loi.
Dans cette paisible retraite
Mon œil s'ouvre à la vérité,
Mon âme heureuse, satisfaite,
Connoît son immortalité.

ADORATION

DU PÈRE, DU FILS ET DU SAINT-ESPRIT.

58. Air : *Lob, Ehr und Preis dem höchsten Gut.*

1. ETRE éternel ! nous te rendons
Un hommage fidèle !
Etre clément ! nous publions
Ta louange immortelle !
Ton pouvoir est illimité ;
Tout respecte ta volonté,
Immuable, éternelle.

2. Fils auguste de l'Eternel !
   Adorable victime !
Qui sauvas l'homme criminel
   De la mort et du crime ;
Grave ta loi dans notre cœur !
Qu'à jamais, divin Rédempteur !
   Ta charité l'anime.

3. Et toi, source de tous les dons,
   Esprit Saint, purifie
Nos cœurs que nous te consacrons.
   Console et fortifie
Ceux que Jésus a rachetés.
Adoucis les adversités,
Qui troublent notre vie !

EXCELLENCE DE LA RELIGION

CHRÉTIENNE.

63. AIR : *Wie gros ist des Allmächtgen Güte.*

1. Loi divine ! loi salutaire !
Religion de mon Sauveur !
Science simple et populaire
De mes devoirs, de mon bonheur :
Heureuse l'âme où tu résides,
Rien n'altère sa pureté,
Et le chemin où tu la guides
La mène à la félicité.

2. Veut-on, par des discours frivoles,
Lui rendre ses devoirs moins chers ?

Tu la soutiens, tu la consoles
Prête à plier sous les revers.
Par toi, la paisible innocence,
Libre de crime et de remords,
Dans la paix de la conscience
Trouve le premier des trésors.

3. Vainement on te peint sévère,
Tu ne l'es qu'aux cœurs vicieux.
Tu donnes un frein salutaire
A leurs desseins pernicieux.
Mais si le coupable frissonne
Au souvenir d'un Dieu vengeur,
Le juste s'émeut et pardonne
Au nom d'un Dieu plein de douceur.

4. Tu n'es point cette règle austère
Qui proscrit l'innocent plaisir.
Non, jamais tu ne fus contraire
Qu'à ce qui pourroit m'avilir.
Tu veux diminuer l'empire
Que sur nous exercent les sens :
Et tu cherches, non à détruire,
Mais à diriger nos penchans.

SUR LE CULTE.

67. Air *du Numéro* 7.

1. Salut, jour de repos ! où mon ame ravie
Peut méditer en paix les bienfaits du Seigneur.
Ta puissante vertu console, fortifie,
Et calme et ranime mon cœur.

2. Chrétiens ! préparons-nous ; Dieu nous ouvre
    son temple.
Allons-nous prosterner au pied de son autel.
Donnons-y tour à tour, et recevons l'exemple
    De notre amour pour l'Eternel.

3. Riches ! louons en lui l'auteur de l'abondance.
Indigens ! bénissons la main qui nous nourrit.
Et tous, glorifions un Dieu plein d'indulgence,
    Qui tous nous aime et nous bénit.

4. Dans chaque adorateur ici voyons un frère ;
Compatissons aux maux sous lesquels il gémit.
Nous n'avons tous qu'un Dieu, qu'un Sauveur,
    et qu'un père ;
    Aimons celui que Dieu chérit.

5. O jour de piété ! que ta sainte influence
Agisse sur nos cœurs, épure nos plaisirs !
De tous nos autres jours assure l'innocence,
    Consacre à Dieu tous nos désirs !

---

71. AIR : *Ach Gott und Herr.*

1. JOUR du Seigneur !   Ouvre mon cœur,
    A ta douce lumière ;
Jour solennel !   A l'Eternel
    Ouvre mon âme entière.

2. Dieu tout-puissant   Et bienfaisant !
    J'ai besoin de ta grâce ;
Eclaire-moi,   Soutiens ma foi :
    Je viens chercher ta face.

3. Fuyez soucis,   Soyez bannis
        Embarras de la terre,
Je n'ai qu'un vœu,   C'est, ô mon Dieu!
        Le bonheur de te plaire.

4. Ta majesté,   Et ta bonté
        Résident dans ton temple;
Là mon esprit,   Suit Jésus-Christ,
        Charmé de son exemple.

5. J'entends sa voix;   Ses saintes lois
        Ne sont point difficiles;
Viens les graver,   Les conserver
        Dans des âmes dociles,

6. La vérité   Et la clarté
        Brillent dans ta parole;
Elle conduit,   Eclaire, instruit
        Notre âme, et la console.

7. Conduis mes pas,   Ne permets pas
        Que ton enfant périsse;
Je te suivrai   Et je fuirai
        Les noirs sentiers du vice.

8. Que ton esprit,   O Jésus-Christ !
        Habite dans mon âme;
Daigne en ce jour   De ton amour
        Y rallumer la flamme.

____

(APRÈS LE SERVICE DIVIN.)

72. *Même air que le précédent.*

1. Esprit divin !   Bénis enfin
Tes leçons salutaires ;
Rends-nous heureux   Et vertueux ;
Exauce nos prières !

2. Pour tant de dons   Nous te rendons
Des grâces immortelles.
Tous tes enfans   Reconnoissans
Te seront plus fidèles !

3. Divin Sauveur !   Si notre cœur
Est plus calme et plus sage ;
Cet heureux fruit   Tu l'as produit :
Achève ton ouvrage !

4. Seigneur ! tu peux   Remplir mes vœux
Mon âme t'est unie !
Je suis à toi,   Reste avec moi
Tous les jours de ma vie !

73. AIR : *Kommt herzu mir, spricht Gottes Sohn.*

1. Tes biens, ô Dieu ! sont infinis,
Tu nous a donné ton cher Fils,
Ta gloire, ton image :
Père de grâce, en notre cœur
Daigne aujourd'hui par ta faveur
Achever ton ouvrage.

2. Fais qu'enflammés d'amour pour toi,
Aimant de ta divine loi
L'étude salutaire,
Et sensibles à tes bienfaits,
Nous n'ayons de but désormais,
Que celui de te plaire.

LA SAINTE CÈNE.

75. Air : *Schmücke dich, o liebe Seele.*

1. Tu m'appelles à ta table,
O mon Sauveur adorable !
Dans ton amour tu t'abaisses
Jusques à moi ; tu t'empresses,
Divin Fils du Dieu suprême !
A me relever toi-même,
Pour m'offrir dans ta clémence
Le pardon de mon offense.

2. En ce lieu tout me retrace
Les prodiges de ta grâce,
Ce pain me rappelle
Tes douleurs, Sauveur fidèle !
Ce vin rend à ma mémoire
La coupe, où tu voulus boire
La mort et l'ignominie,
Pour me procurer la vie.

3. Ton amour t'a fait descendre
Vers nous ; il t'a fait répandre
Ton sang, auguste victime !
Pour nous tirer de l'abîme.

En ce jour il nous présente
Les fruits de ta mort sanglante ;
Est-il un mortel qui sonde
Ton amour, Sauveur du monde !

4. Mon Dieu ! la parole expire
Sur mes lèvres, et j'admire,
Rempli de reconnoissance,
Les effets de ta clémence.
Tu veux que je renouvelle,
Moi, pécheur, enfin rebelle,
L'alliance, qui m'assure
Ma félicité future !

5. Mais, hélas ! je suis indigne
De cette faveur insigne.
Seigneur ! je voudrois te plaire,
Ta grâce m'est nécessaire ;
C'est à toi que je m'adresse,
Toi, qui connois ma foiblesse ;
Fais que ce repas de vie
M'anime et me fortifie.

6. Viens donc, Seigneur ! viens descendre
Dans un cœur contrit et tendre ;
Viens cimenter l'alliance
Par ton auguste présence !
Jusques à ma dernière heure,
Viens établir ta demeure
Dans une âme, qui n'aspire,
Qu'à vivre sous ton empire.

(APRÈS LA COMMUNION.)

79. Air : *Herzlich thut mich verlangen.*

5. ALLONS tous rendre grâces
A notre bon Sauveur ,
Et marchons sur ses traces
D'une nouvelle ardeur.
Nos cœurs pleins d'espérance ,
Comblés de ses bienfaits
Célèbrent sa clémence
Qui nous rendit la paix.

RÉCEPTION DES CATÉCHUMÈNES.

80. Air : *Wie gros ist des Allmächtgen Güte.*

1. LA voici , l'heure fortunée ,
Où je me voue à l'Eternel.
Quelle sublime destinée !
Dieu m'ouvre son sein paternel.
J'embrasse sa loi salutaire :
Les nœuds qui m'attachent à lui ,
Mon cœur attendri les resserre ,
Et les sanctifie aujourd'hui.

2. C'est mon Dieu , dont la providence
Veilla sur mes premiers instans ;
Il répandit sur mon enfance
Les plus riches de ses présens ;

Il fut l'ami de ma jeunesse,
Mon protecteur et mon soutien ;
Sa voix m'inspira la sagesse,
Le goût du vrai, l'amour du bien.

3. Il veut, en ce moment encore,
Me faire éprouver sa bonté :
Dans ce temple, où mon cœur l'implore,
Il m'appelle à la vérité.
A tant de faveurs signalées
Je resterois indifférent ?
Non : tes grâces accumulées,
Seigneur ! ont touché ton enfant.

(*Après la réception.*)

4. Je l'ai promis ; je crois au Père,
Auteur et bienfaiteur de tous ;
Au Saint-Esprit qui nous éclaire ;
Au Fils qui s'immola pour nous.
Mon Sauveur sera mon modèle ;
La vertu, mon plus grand bonheur ;
Mon espoir, la vie éternelle ;
Ma crainte, celle du Seigneur.

5. Que si jamais, dans ma foiblesse,
J'oublie, ô Dieu ! mes saints projets,
Retrace à mon cœur ma promesse,
Et punis-moi par des regrets.
Mon âme, alors plus épurée,
Plus digne de m'offrir ses vœux,
Connoîtra que ta loi sacrée
Forme le sage et l'homme heureux.

81. AIR : *Es ist gewisslich an der Zeit.*

1. Vois, prosternés devant tes yeux,
   Vois, Seigneur ! à ta table
Ces enfans, et jette sur eux
   Un regard favorable.
Tu les a sauvés, Jésus-Christ !
Répands sur eux ton Saint-Esprit,
   Et leur sois favorable.

2. Si, du repentir d'un pécheur,
   Les cieux se réjouissent,
Qu'aujourd'hui du céleste chœur
   Les concerts retentissent,
Quand ces enfans, pour ton amour,
Présentent leurs vœux en retour,
   Et qu'ils les accomplissent.

3. Ils t'ont reconnu par la foi ;
   Ils savent ta loi sainte.
Fais que, brûlant d'amour pour toi,
   Leur âme soit sans feinte.
Nourris de ton sang, de ton corps,
Que rien n'ébranle leurs efforts,
   A marcher dans ta crainte.

4. Si le monde et ses faux appas
   Tentent leur innocence,
Ah ! ne les abandonne pas.
   Marchant en ta présence,
Qu'ils puissent triompher toujours,

Par ton exemple et ton secours :
Ton bras soit leur défense !

5. Offre la couronne à leurs yeux,
Rappelle à leur mémoire
La palme que ta main, aux cieux,
Présente à leur victoire.
Daigne les guider par ta main,
Et d'un pas constant et certain
Les conduire à ta gloire.

REPENTANCE.

89. AIR : *Freu dich sehr, o meine Seele.*

1. GRAND Dieu ! l'appui de ton trône
Est l'auguste vérité,
Et la justice environne
L'éclat de ta sainteté.
Mais elle glace nos cœurs ;
Pour un monde de pécheurs
Ta clémence qui pardonne
Rend plus belle ta couronne.

2. Séduits par les biens frivoles
Dont, hélas ! nous abusons,
Nous prodiguons aux idoles
L'encens que nous te devons.
Les yeux couverts d'un bandeau
Nous approchons du tombeau ;
En cherchant un bien volage
Nous risquons notre héritage.

3. Cependant tu nous appelles,
Tu remontres, tu promets,
Chaque jour tu renouvelles,
Sans te lasser, tes bienfaits.
Mais rebelles à tes lois
Nous fuyons, ingrats ! ta voix.
Les sentiers fleuris du vice
Nous mènent au précipice.

4. Affoibli par la misère,
Avili par le péché,
Indigent loin de mon père,
Pourquoi me suis-je arraché
De ses bras et de son sein !
J'ai pu repousser la main
De mon bienfaiteur céleste :
Quel égarement funeste !

5. Je pars, j'irai vers mon père
Il ne me renverra pas,
J'appaiserai sa colère
En me jetant dans ses bras.
Je lui dirai : « C'est ton fils
Qui vient verser ses ennuis
Et ses chagrins dans ton âme,
C'est ta pitié qu'il réclame.

6. J'ai fui, que j'étois à plaindre !
Les biens qu'il faut désirer ;
Les maux que je devois craindre,
Hélas ! j'ai pu m'y livrer,
Infortuné, j'ai péché
Contre toi qui m'as cherché,

Et pour un tyran sévère
J'ai quitté les bras d'un père. »

7. Mais ô prodiges de grâce !
Dieu prend pitié du pécheur
Il le reçoit, il l'embrasse,
Il lui découvre son cœur.
Satisfait de son retour
Il lui rend tout son amour ,
Et pour toute réprimande
C'est son cœur qu'il lui demande.

8. Tant de grâces paternelles
Mon Dieu ! me rendent confus ;
Le doux nom dont tu m'appelles ,
Je ne le mérite plus.
Mon Père ! je me tairai ;
Mais jamais je n'oublierai
Mes péchés et ta tendresse ,
Mon pardon et ma promesse.

9. Père des miséricordes !
Rends ton fils digne de toi.
Les grâces que tu m'accordes.
Me feront goûter ta loi.
Eclairé par mon Sauveur ,
Je fonderai mon bonheur
Sur cette ferme colonne :
« Dieu bénit et Dieu pardonne. »

SANCTIFICATION.

91. Air : *Wer nur den lieben Gott lässt walten.*

1. Grand Dieu ! crée en moi par ta grâce
Un esprit docile et nouveau !
Echauffe et fonds mon cœur de glace,
Sois de mon âme le flambeau ;
Afin que respectant ta voix,
Je suive constamment tes lois.

2. D'un œil indulgent et propice
Regarde-moi dans mon erreur.
Malgré les droits de ta justice,
Ne me réprouve pas, Seigneur !
Que ta puissante charité
Efface mon iniquité.

3. Je suis foible, et dans ma carrière
Je puis sans cesse m'égarer ;
Seigneur ! écoute ma prière,
Par ton esprit viens m'éclairer ;
Que ce fidèle conducteur
Réside toujours dans mon cœur.

4. Si tu veux éprouver mon zèle
Au creuset des afflictions,
Voir, si je te serai fidèle
Au sein des persécutions,
Et joindre encore à mes travaux
D'autres peines, des maux nouveaux.

5. Persuadé de ta sagesse,
J'adorerai ta volonté ;
Mais, Seigneur ! je crains ma foiblesse ;
Supplée à mon infirmité.
Pour tranquilliser mon esprit,
Mon Dieu ! ta grâce me suffit.

AVANTAGES DE LA VERTU.

103. Air : *Schwing dich auf zu deinem Gott.*

1. Je suis chrétien : mon bonheur
Est inexprimable ;
Sur les pas de mon Sauveur
Nul mal ne m'accable.
Mon esprit est en repos
Et mon âme est calme ;
Au terme de mes travaux
M'attendra la palme.

2. Aux yeux de mon créateur
Je n'étois que cendre ;
A son amour, à son cœur
Pouvois-je prétendre ?
Mais chrétien, j'ose nommer
L'Eternel mon père ;
Le Fils de Dieu veut m'aimer
Comme un tendre frère.

3. Vous vous tourmentez, mondains,
Pour un bien frivole,
Il vous échappe des mains
Et le temps s'envole.

Mais au chrétien satisfait
  Tout est salutaire,
Rien ne lui peut, il le sait,
  Manquer sur la terre.

4. Vous poursuivez les honneurs
  Le long d'un abîme :
Combien de vaines faveurs
  Sont le prix du crime !
Bien plus heureux le chrétien :
  Dieu seul fait sa gloire,
Et l'homme qui veut le bien
  Bénit sa mémoire.

5. A des plaisirs corrupteurs
  Votre cœur s'attache,
Et sous les plus belles fleurs
  Le serpent se cache.
Mais qu'ils sont purs, les plaisirs
  Que le chrétien goûte !
Jamais douloureux soupirs
  N'attristent sa route.

6. Vous vivez infortunés,
  Sans Dieu dans le monde
Et vous êtes consternés
  Quand l'orage gronde.
Le partage du chrétien
  Est d'être tranquille ;
L'Eternel est son soutien,
  Il est son asile.

7. Je suis, je serai chrétien,
  Mon cœur le déclare

Au monde entier, qu'il n'est rien,
Rien qui me sépare
De mon Sauveur Jésus-Christ.
Puissé-je sans cesse,
Soutenu par son esprit,
Remplir ma promesse !

AMOUR DE DIEU.

106. AIR : *O Gott du frommer Gott.*

1. ÉTERNEL ! Tout-puissant ! mon Père ! tout
m'engage
A t'adorer, t'aimer, à t'offrir mon hommage :
Ta sainte majesté brille dans tous les lieux,
Elle parle à nos cœurs, elle frappe nos yeux.

2. L'univers reconnoît ta suprême puissance ;
O Dieu ! tous les mortels éprouvent ta clémence ;
Les anges dans les cieux chantent ta sainteté ;
Et le pécheur encore doit bénir ta bonté.

3. C'est de toi que je tiens le mouvement et l'être ;
Ton esprit qui m'éclaire, ô Dieu ! m'a fait con-
noître
Mon devoir et ta loi, mon néant, ta grandeur,
Mes péchés, mon pardon, ta bonté, mon
Sauveur !

4. Pour m'assurer ces biens, ta divine parole
M'éclaire, me conduit, me soutient, me console ;
Tu daignas me guérir de mes infirmités,
Tu viens à mon secours dans mes adversités.

5. Aime à jamais ton Dieu, mon âme ! c'est un
        père
Qui dès l'éternité m'a tracé ma carrière,
Qui bénit tous mes jours, qui, pour me rendre
        heureux,
Attache à mon destin l'héritage des cieux.

CONFIANCE EN DIEU.

III. AIR : *Was Gott thut das ist wohl gethan.*

1. DE quoi t'alarmes-tu, mon cœur?
        Ranime ton courage,
    Souviens-toi de ton Créateur,
        Ta tristesse l'outrage ;
Car ce Dieu fort   Règle ton sort.
        Enfant du Dieu suprème,
        Il te connoît, il t'aime.

2. Viens contempler le firmament,
        Dis, si ton œil embrasse
    Les mondes que le Tout-puissant
        A semés dans l'espace ?
Ni ton savoir,   Ni ton pouvoir
        Ne te rendront capable
        De faire un grain de sable.

3. Connois le Dieu de l'univers
        Et ton insuffisance ;
    Il a mille moyens divers
        Tout prêts pour ta défense.
Et dans ses bras   Tu ne perds pas,

Au fort de la tempête,
Un cheveu de ta tête.

4. Tu formas l'homme de limon,
　Auteur de toutes choses !
Tu revêts mieux que Salomon,
　Les lits des champs, les roses.
Père Eternel !　　Quoi ! tout le ciel
　Te coûte une parole :
　Et moi je me désole ?

5. Les mondes roulans dans les cieux
　Et la fleur que je cueille,
L'accord des astres radieux,
　La chute d'une feuille,
Tout suit ta loi ;　　Serois-je, moi,
　Contre la loi commune,
　Soumis à la fortune !

6. Bannis donc, mon cœur ! les soucis,
　Car ta douleur t'abuse ;
Après t'avoir donné son fils,
　Est-ce que Dieu refuse
A son enfant　　Le vêtement,
　Le toit, le pain, la vie ?
　Crains-tu qu'il ne t'oublie ?

7. Je te remets, Dieu de bonté !
　Dieu Tout-puissant ! ma vie,
Mon corps, mes biens, ma liberté,
　Les miens et ma patrie.
Par ce moyen　　Je ne perds rien ;
　Car une main si sûre
　Rend tout avec usure.

8. Tu me conduiras par la main ,
Si tu veux que je vive.
Chaque jour ajoute à mon gain
Pourvu que je te suive.
Je suis content ;   Tout accident ;
    Conduit par ta main sage ,
    Tourne à mon avantage.

9. Veux-tu me donner des plaisirs ;
J'en bénis ta tendresse ;
Veux-tu traverser mes désirs ,
J'adore ta sagesse.
Je sais, je vois   En qui je crois.
    Ta volonté , mon père !
    Me sera toujours chère.

10. Je me jetterai dans tes bras ,
Si tu veux que je meure.
O mon Dieu ! ne me quitte pas ;
Viens à ma dernière heure ,
Viens m'assister   Et transporter
    Mon âme en son asile ;
    Et je mourrai tranquille.

RÉSIGNATION.

123. AIR : *Meinen Jesum lass ich nicht.*

1. MON âme s'élève à toi ,
Auteur de mon existence !
Toujours tu prends soin de moi ;
Tu veillas sur mon enfance :

Tu me donnes chaque jour
Des preuves de ton amour.

2. En esprit, en vérité
Tu demandes qu'on t'adore ,
Et qu'avec sincérité
Le foible mortel t'honore ;
Que le culte qu'il te rend
Soit celui du sentiment.

3. Adressons-lui nos soupirs
Sans crainte et sans défiance :
Il écoute les désirs
Que nous dicte l'innocence ;
Et de l'homme vertueux
Il aime à remplir les vœux.

4. Mais si Dieu dans sa bonté
N'exauçoit pas ma prière ,
Soumis à sa volonté ,
Je me dirois : c'est mon père ;
Il refuse sagement
Ce qui nuit à son enfant.

5. Quand dans mon adversité
Ton secours se fait attendre ,
J'adore encore ta bonté ,
Père aussi juste que tendre !
Mon malheur aura sa fin ,
Car tu règles mon destin.

6. Mes jours par toi sont comptés ;
La nuit fait place à l'aurore.

Du sein des adversités
Je vois mon bonheur éclore ;
Même au-delà du tombeau
J'attends un destin nouveau.

7. Les soucis et les douleurs
Des mortels sont le partage ;
Les tombeaux libérateurs
Briseront leur esclavage :
Du sein de l'éternité
Jaillit leur félicité.

LOUANGES DE DIEU.

125. AIR : *Wie gros ist des Allmächtgen Güte.*

1. PEUPLES ! venez, et que l'on donne
Des louanges à l'Eternel !
Que par-tout son saint nom résonne
Par un cantique solennel.
Venez lui dire : O Dieu suprême !
Qu'on te voit grand en tous tes faits !
Ta clémence est toujours la même ;
Toujours tu combles nos souhaits.

2. L'univers, qui te doit son être,
Qu'il adore ta majesté !
Que les nations qui vont naître
Célèbrent encore ta bonté !
Peuples, rendez-lui vos hommages !
Célébrez d'un commun accord
De tant de merveilleux ouvrages
Le sublime auteur, le Dieu fort.

3. Il a veillé sur notre enfance ;
Il commande aux événemens ;
Malgré nos fautes, sa clémence
Nous traite comme ses enfans.
Il dit à la douleur : Arrête !
Fais place à la joie, au malheur ;
Et jusqu'aux cheveux de ma tête
Tout est un don de sa faveur.

4. Il me guide dans ma carrière,
Il compta chacun de mes jours.
Lorsque je lui fais ma prière,
J'éprouve aussitôt son secours.
Bénis donc ce grand Dieu, mon âme !
Toujours il est la charité ;
Et toujours quand je le réclame,
J'ai lieu de chanter sa bonté.

5. Vous qui révérez sa puissance,
Soyez témoins de ma ferveur,
De ma tendre reconnoissance
Pour les bienfaits du Créateur.
Hâtez-vous, peuples ! qu'on vous voie
Célébrer le nom du Seigneur ;
Faites retentir avec joie
Un hymne saint à son honneur.

---

129. Air : *Begleite mich, o Christ, wir gehen.*

1. J'ADORE la bonté céleste
Seigneur ! elle comble mes vœux :
Tout la ressent, et j'en atteste

La terre, la mer et les cieux.
L'univers entier est ton temple,
Où je te loue et te contemple
Tant que luit le flambeau du jour :
Et quand la nuit étend ses voiles,
Je raconte encor aux étoiles
Et tes bienfaits et ton amour.

2. Tout en moi te doit son hommage :
Mon corps est l'œuvre de tes mains.
Seigneur ! achève ton ouvrage,
Donne-moi l'esprit de tes saints.
Tous ceux que ta gloire intéresse,
Verront en moi de ta promesse
L'infaillible fidélité :
Dans mon juge ils verront un père
Qui, loin de montrer sa colère,
Ne me montre que sa bonté.

3. Ah ! quelque malheur que j'essuie,
Sa puissance brille à mes yeux :
Je sais sur quel bras je m'appuie,
Il soutient la terre et les cieux.
Au jour tu marques sa carrière,
Ton ordre seul est sa lumière ;
Révoque ton ordre, il s'éteint.
C'est ce pouvoir que je réclame.
Hâte-toi, Seigneur ! sauve une âme
Qui t'aime autant qu'elle te craint.

4. Chaque jour ma prière ardente
Du soleil préviendra les feux ;

Et chaque aurore renaissante
Verra la ferveur de mes vœux :
Mon âme, pleine d'espérance,
Sera toujours en ta présence,
Loin de ceux qui t'ont oublié.
Seigneur ! accomplis ta parole,
Et par un seul regard console
Un cœur vraiment humilié.

PRIÈRES.

133. Air : *Wie gros ist des Allmächtgen Güte.*

1. O Dieu ! dans la nature entière
Je vois un temple autour de moi ;
Là, je t'adresse ma prière :
Te prier, c'est penser à toi ;
Te prier, c'est voir ta présence
Remplir toute l'immensité ;
C'est mettre en toi sa confiance ;
C'est s'attendrir sur ta bonté.

2. Je sais que ma foiblesse extrême
N'ajoute rien à ta grandeur,
Mais je remplis envers moi-même
Un devoir qui me rend meilleur.
Je prie ; et mon âme attentive
Au souvenir de ta bonté
S'échauffe, et devient plus active
Pour le bien de l'humanité.

3. Je prie ; et du jour qui se lève
Je me trace l'utile emploi :

Guidé par tes lois je l'achève
Sans avoir à rougir de moi.
Je prie ; et me sentant coupable
Je prends, à tes pieds abattu,
L'engagement inviolable
D'être fidèle à la vertu.

4. Si dans un avenir funeste
Mon œil se perd avec effroi,
L'unique douceur qui me reste,
C'est d'élever mon âme à toi.
Je prie ; et déjà mes alarmes
Font place à la sérénité :
Je prie ; et les plus douces larmes
Soulagent mon cœur agité.

5. Non, jamais ils ne sont frivoles
Les vœux que j'ose t'adresser ;
Tu m'exauces ; tu me consoles,
Lorsque tu ne peux m'exaucer.
Ainsi, Seigneur ! chaque prière
Rend heureux ton adorateur :
Affligé, je prie et j'espère ;
Coupable, je deviens meilleur.

INVOCATION DE DIEU.

DANS NOS BESOINS.

139. Air : *Gott des Himmels und der Erden.*

1. A mon secours je t'appelle ;
Je n'ai d'autre protecteur

Que toi seul, ô Dieu fidèle !
L'homme est ou foible ou trompeur ;
Mais j'oublie ma tristesse,
Quand mon cœur à toi s'adresse.

2. Dieu ! console-moi : j'implore
Ta justice et ta bonté.
Tu vois mon cœur ; il abhorre
L'erreur et l'iniquité ;
Mais je souffre, et ma tristesse
Appesantit ma détresse.

3. Pourrois-tu livrer mon âme
Au chagrin, à la douleur ?
O mon père ! je réclame
Ta promesse et ta faveur ;
J'invoque, ô Dieu ! ta puissance
Qui veille sur l'innocence.

4. Je trouve en toi ma défense,
Le repos, la sûreté ;
Plein de ma reconnoissance,
Je célèbre ta bonté ;
Dans le plus terrible orage
Elle offre un asile au sage.

5. Je connois au ciel un père,
Et je brave le malheur :
Il m'a tracé ma carrière,
Pour me conduire au bonheur,
Je sais qu'il fait aux souffrances
Succéder les récompenses.

6. Je m'abandonne, ô mon père !
A ta sainte volonté.
Du destin le plus contraire
Jaillit la félicité.
Je bénis ta Providence
Qui protège l'innocence.

~~~~~~~~~~~~~~~~~~~~~~~~

PRIÈRE POUR LE MATIN.

141. AIR : *Wer nur den lieben Gott.*

1. ENCORE un jour ! je vis encore,
Je me réveille sans douleur !
Recueille-toi, mon âme ! adore
La bouté de ton Créateur.
Je vois, ô mon Dieu, ton amour
Se renouveler chaque jour.

2. Tandis que la nuit de ses voiles
Couvroit les humains endormis,
Tu fixas du haut des étoiles,
Seigneur ! tes yeux sur tes amis ;
Ayant leur Dieu pour protecteur,
Ils ne craignoient aucun malheur.

3. Ce jour devient un nouveau gage,
Tendre Père ! de ta bonté.
Je fixerai le temps volage
Par une sage activité ;
Mais sans toi, mais sans ton soutien,
Jamais je ne ferai le bien.
~~~~~~~~~~~~~~~~~~~~~~~~

4. Je me dirai : « Dieu me regarde,
« Il voit toutes mes actions ;
« Que ce témoin me mette en garde
« Contre l'attrait des passions » !
Etouffe en moi chaque désir,
Auquel tu ne peux consentir.

5. J'ai vu dissous par ta sagesse
Des projets sans toi concertés ;
Avec toi j'ai vu la foiblesse
Vaincre de fortes volontés :
Je te remets mes intérêts,
Conduis toi-même mes projets.

6. Heureux, si je puis être utile
A mes frères, à tes enfans !
Malheureux, si ce jour stérile
S'écoule en vains amusemens !
Servir son prochain de bon cœur,
C'est là servir son Créateur.

7. Je te prie avec confiance
Mon Dieu de bénir mes travaux,
Puisse mon champ que j'ensemence,
Toujours fertile en fruits nouveaux,
Me faire dans l'éternité.
Recueillir la félicité.

8. Je voudrois prouver à mes frères
Que je les porte dans mon cœur ;
Fais-moi dans toutes mes affaires
Consulter aussi leur bonheur.
Tu joins par ce lien secret
Mon bonheur à leur intérêt.

9. Mon Dieu ! je te remets ma vie,
Je t'abandonne mon destin,
Bénis les miens et ma patrie,
Aujourd'hui donne-moi mon pain.
Etends, prêt à me protéger,
Ton bras sur moi dans le danger.

10. Reçois mon esprit, ô mon Père !
Si c'est le dernier de mes jours ;
Mais si tu veux sur cette terre
En prolonger encore le cours,
Fais-moi, Dieu, mon père ! éviter
Le malheur de les regretter.

142. Air : *Befiehl du deine Wege.*

1. O Dieu ! dont je tiens l'être,
Toi, qui règles mon sort,
Seul arbitre, seul maître
De mes jours, de ma mort ;
Je t'offre les prémices
Du jour qui luit sur moi,
Je veux, sous tes auspices
Le consacrer à toi.

2. Comme un juge sévère,
Ne compte pas mon temps,
Daigne d'un œil de père,
En voir tous les instans !
Si, Dieu plein de clémence,
Tu viens à mon secours,

Nul crime, nulle offense,
N'en ternira le cours.

3. Que ta bonté propice,
Qui connoît mes besoins,
Me seconde et bénisse
Mes travaux et mes soins,
Fais que, suivant la trace
Et l'exemple des saints,
Mes jours soient par ta grâce
Des jours purs et sereins.

PRIÈRE POUR LE SOIR.

144. AIR : *Nun ruhet in den Wäldern.*

1. TOUT dort dans la nature,
Et chaque créature
A fini ses travaux.
Toi seul, ô Dieu, tu veilles ;
Jamais tu ne sommeilles,
Mais tu dispenses le repos.

2. L'astre de la lumière
A fini sa carrière
En versant des bienfaits :
Ah ! que toujours la mienne
Soit semblable à la sienne,
Et je m'éteindrai sans regrets.

3. La nuit lugubre et sombre,
Va couvrir de son ombre
Tant d'êtres malheureux !

Si leur âme âgitée,
Par moi fut attristée,
O sommeil ! fuis loin de mes yeux.

4. Pardonne, ô Dieu de grâce !
Que ma douleur efface
Les erreurs de ce jour.
Si mon âme égarée,
Au vice s'est livrée,
Vers le bien hâte mon retour.

146. AIR : *Befiehl du deine Wege.*

1. PENDANT toute ma vie,
En toute heure, en tout lieu,
Il faut que je publie
Tes bienfaits, ô mon Dieu !
J'ai vu cette journée,
Qu'à présent je finis,
De bienfaits couronnée,
Par tes soins infinis.

2. Je te dois l'existence ;
Je te dois plus encor.
L'œil de ta providence
A veillé sur mon sort.
De mon œuvre prospérée,
Et loin de tout malheur
D'une utile journée
J'ai connu le bonheur.

Mon Dieu ! je te réclame
En tes mains je remets

Et mon corps et mon âme,
Mes biens et mes projets.
Ta bonté paternelle
Veille sur mon sommeil ;
A l'abri de ton aile,
J'espère un beau réveil.

PRIÈRE POUR LA FIN DE L'ANNÉE.

148. Air : *O Gott du frommer Gott.*

1. A tous les changemens seul Être inaccessible !
Dieu puissant ! qui du haut d'un trône indestruc-
　　tible
Vois, sans jamais souffrir des atteintes du temps,
Les siècles s'échapper comme de courts instans.

2. Créateur ! qui donnas de ta gloire éternelle
Au fils de la poussière une auguste étincelle,
Nous venons t'adorer avec humilité ;
Nous osons implorer ta suprème bonté.

3. Chaque instant qui s'ajoute à notre frêle vie,
Nous dit qu'il est l'effet de ta grâce infinie ;
Ta sainte volonté dirige notre sort,
Et toi seul tu connois l'instant de notre mort.

4. Tu peux quand il te plaît finir notre carrière ;
Dès que tu dis : Mortel ! rentre dans la poussière,
Je descends dans la tombe entr'ouverte sous moi,
Et pour être jugé je parois devant toi.

5. S'il te plaisoit, ô Dieu ! de précipiter l'heure ,
Où mon corps au tombeau doit trouver sa
        demeure ,
Fais que je puisse en paix voir approcher ma fin ,
Et fort de ta bonté m'élancer dans ton sein.

6. Mais si tu veux encor prolonger mes années ,
Accorde-moi, mon Dieu ! d'heureuses destinées ;
Préserve-moi d'erreur, seconde mes travaux ,
Daigne tarir mes pleurs, et soulager mes maux.

7. Fais que dans la justice et dans la tempérance,
Plein d'une vive foi , d'une ferme espérance ,
Je passe tous mes jours, comblé de tes bienfaits,
Dans le sein des vertus et d'une douce paix.

8. Les instans fugitifs que ta bonté me laisse ,
Mon cœur reconnoissant les voue à la sagesse ;
Je veux les consacrer à l'amour de ta loi ,
Au bien de mon semblable, à mon devoir , à toi !

149. AIR : *Von Gott will ich nicht lassen.*

1. CHRÉTIENS ! voici l'année ,
Par le secours de Dieu ,
Dans la paix terminée ;
Venons dans ce saint lieu !
Célébrons, pleins de foi ,
La bonté , la clémence ,
L'amour et la puissance
De notre divin Roi.

2. Par sa bonté l'année ,
Dont nous avons joui ,
De biens fut couronnée :
Honneur et gloire à lui !
S'il affligea nos cœurs ,
Ce fut toujours en père ,
Indulgent et sévère ,
Et sage en ses rigueurs.

3. Sa faveur infinie
Qui protége les siens ,
Leur conserve la vie ,
Et les comble de biens.
Pleins de joie en ce jour ,
En voyant nos années
De ses dons couronnées ,
Bénissons son amour !

4. A lui seul est l'empire :
C'est le Dieu souverain.
Il pourroit nous détruire ;
Nous sommes dans sa main.
Mais plein de charité ,
Il délivre sans cesse ,
Et rarement nous laisse
Dans notre adversité.

5. L'an, qui se renouvelle ,
T'offre des biens nouveaux ;
Ton Dieu, peuple fidèle !
Bénira tes travaux.
Tu verras le Seigneur,
De sa demeure sainte ,

Si tu vis dans sa crainte,
Opérer ton bonheur.

6. O Dieu ! de ta sagesse
Orne l'esprit des rois !
Que la foible jeunesse
Soit docile à ta voix.
A qui va s'égarer,
Donne plus de lumière !
Sois l'appui, le salaire
De qui vient t'implorer.

7. Maître des destinées !
Toi, qui règles le cours
De toutes nos années :
Protége-nous toujours !
Dirige tous nos pas !
Sois encor notre Père,
Notre Dieu tutélaire
Au moment du trépas.

RENOUVELLEMENT DE L'ANNÉE.

151. AIR : *O Gott du frommer Gott.*

1. RECUEILLE-TOI, mon âme ! une nouvelle année
Vient descendre du ciel de bienfaits couronnée ;
Elle est un don de Dieu : l'as-tu bien mérité ?
Adore son grand nom, rends grâce à sa bonté.

2. Mon Dieu ! de qui je tiens toute mon existence,
Tu m'as pris au berceau pour guider mon enfance ;

Dès lors tu m'as comblé de biens jusqu'à ce jour,
Et tu m'as prodigué les dons de ton amour.

3. Tu veux me pardonner l'abus de mes journées ;
Malgré le peu de fruit qu'ont produit mes années,
Malgré le temps perdu, tu veux multiplier
Mes jours en m'invitant à les mieux employer.

4. Je rougis et me tais ; c'est au pied de ton trône
Que je viens supplier ta bonté qui pardonne,
De m'accorder aussi ta grâce et ton secours,
Seigneur ! en augmentant le nombre de mes jours.

5. Fais-moi songer enfin à mon bonheur solide ,
Car le temps du salut fuit d'une aile rapide ;
Et si je perds ce temps, quelle témérité !
Je le perds pour la terre et pour l'éternité.

6. Ne m'abandonne point dans la nouvelle année,
Ta grâce la rendra pour moi plus fortunée ,
Plus fertile en vertus, plus salutaire aux miens,
Plus digne enfin de toi, de qui seul je la tiens.

7. Etends ton bouclier, Grand Dieu ! sur cet empire,
Et daigne, sans tarder, de nos foyers proscrire
Les inimitiés, l'esprit de factions,
La coupable licence et les divisions.

8. Bannis de nos cités l'aveugle fanatisme,
Le monstre de l'envie et le froid égoïsme ,
Etouffe toute aigreur, toute animosité,
Le sordide intérêt et l'orgueil effronté.

9. A notre Souverain accorde ta sagesse,
Qu'il opère le bien sans crainte et sans foiblesse,

Seconde ses vertus, enseigne-lui ta loi,
Affermis dans le bien et bénis notre Roi.

10. Sois le guide constant de la tendre jeunesse,
Le bouclier du foible au jour de la détresse.
Sois le trésor du pauvre et l'or de l'indigent,
Visite le malade et sauve le mourant.

11. Nous plaçons notre espoir en toi, Dieu de
nos pères !
Prends soin de tes enfans et bénis tous nos frères,
Seconde nos travaux et notre activité,
Enfin veille toi-même à notre sûreté.

12. Ainsi nous passerons les jours et les années,
Que dans ta charité tu nous as destinées,
Prêts à quitter ces lieux, contents de notre sort,
Sans regretter la terre et sans craindre la mort.

DEVOIRS ENVERS NOUS-MÊMES.

PURETÉ DES MŒURS.

156. AIR : *Es ist das Heil uns kommen her.*

1. DIEU ! si ta loi ne me conduit,
Le danger m'environne ;
Mon cœur aisément me séduit,
Et la paix m'abandonne.
Alors, au gré de mes désirs,
Je cours après de faux plaisirs
Qui dégradent mon âme.

2. Mon Dieu ! pardonne les erreurs
   De ma foible jeunesse.
Je veux, loin des conseils trompeurs,
   Ecouter la sagesse,
Etre pieux et tempérant,
Dans la vertu persévérant,
   Te consacrer ma vie.

3. Seigneur ! ma bouche annoncera
   Ta grâce salutaire ;
Nul mot jamais n'en sortira
   Qui te puisse déplaire :
A ta gloire tendront toujours
Mes actions et mes discours :
   Te plaire est mon envie.

4. Que dans ce monde corrupteur
   Mon oreille se ferme
A tout propos, qui porte au cœur
   Du vice l'impur germe,
Ou celui de l'impiété,
Dont notre siècle est infecté,
   Et qui le déshonore.

5. Non, jamais je n'écouterai
   L'impie en son délire ;
Du méchant je m'éloignerai,
   Si je ne puis l'instruire
A craindre ton divin pouvoir,
A suivre la loi du devoir,
   A renoncer au vice.

6. Je veux fuir de la volupté
   L'attrait et l'esclavage ,
Et faire de la sainteté
   Mon éternel partage :
Sans elle il n'est point de bonheur ,
Point de mérite , point d'honneur :
   Sous sa loi je veux vivre.

7. Délivre-moi donc , o mon Dieu !
   Des dangers dont m'assiége
Le monde qui m'offre en tout lieu
   Quelque funeste piége :
Affermis ma vertu , ma foi ,
Ranime mon amour pour toi ,
   Rends-moi saint, juste et sage.

DEVOIRS ENVERS NOS SEMBLABLES.

AMOUR DU PROCHAIN.

162. AIR : *Wie gros ist des Allmächtgen Güte.*

1. O Dieu ! ta tendresse infinie
N'oublie aucun de tes enfans :
Les biens les plus doux de la vie
Sont communs à tous les vivans.
Pour tous l'astre du jour doit luire ,
Pour tous la terre s'embellir ;
Tous ont un esprit pour s'instruire ,
Tous ont une âme pour sentir.

2. Ta bienfaisance se déploie
Aussi loin que brillent les cieux ;

4

Tout cœur est sensible à la joie ;
Tout respire pour être heureux.
Et l'homme pourroit se méprendre,
Aux lois que tu veux lui dicter ?
Goûter tes dons sans les répandre ?
Voir tes bienfaits sans t'imiter ?

3. Hélas ! de combien de misère ;
Je ne serois plus spectateur,
Si je respectois dans mon frère
Les droits qu'a tout homme au bonheur !
Et j'attends de l'Etre suprême
Qui tous a voulu les bénir ,
Des bienfaits que j'ose moi-même
Leur refuser ou leur ravir ?

4. Non , l'homme dur , impitoyable ,
N'ose aspirer à tes faveurs ,
S'il peut voir souffrir son semblable ,
Sans être attendri de ses pleurs.
Celui dont le cœur s'intéresse
Aux maux qu'il cherche à soulager ,
Trouvera seul dans sa détresse
Ton bras prêt à le soulager.

5. Dans tout l'univers il contemple
Les trésors que répand ta main ;
Sa bienveillance, à ton exemple ,
Embrasse tout le genre humain.
Il ne met point de différence
Entre ceux qu'il doit secourir ;
Il corrige avec indulgence ;
Il plaint l'erreur sans la haïr.

6. Il voit les dons d'un même père
Descendre sur tous ses enfans ;
Chaque mortel qui te révère
A droit à ses soins bienfaisans.
Tu l'observes ; son cœur l'approuve ;
Ta faveur repose sur lui,
Ta providence fait qu'il trouve
Son bonheur dans le bien d'autrui.

CONCORDE.

168. AIR : *Ermuntre dich, mein.*

1. Qu'il est aimable, qu'il est doux
De s'aimer comme frères,
Et de cultiver envers tous
Des sentimens sincères
De douceur et de charité,
Compagnes de l'humilité
Et de la patience,
Sources de l'innocence.

2. Dieu de paix et de charité !
Nous voulons vivre en frères ;
Telle est ta sainte volonté,
Tels sont nos vœux sincères.
Eclaire notre entendement
Sur un si doux commandement ;
Rends notre cœur docile
A ce devoir facile.

3. Nous professons un même Dieu,
   Qui nous a donné l'être ;
   Nous avons fait le même vœu
   De n'avoir d'autre maître
Que notre Sauveur Jésus-Christ,
D'autre guide que son Esprit ;
   Nous l'avons au baptême
   Promis au Dieu suprême.

4. Nous avons, hommes et Chrétiens,
   Une même origine ;
Et pour resserrer ces liens,
   Notre Dieu nous destine
Un jour à tous un même ciel :
Un même bonheur éternel
   Sera la récompense
   De notre obéissance.

5. Pourquoi nous rendre malheureux,
   En nourrissant des haines ?
En déchirant ces tendres nœuds,
   Nous augmentons nos peines.
Les tourmens déchirent les cœurs
Livrés à l'envie, aux aigreurs ;
   Et la discorde amère
   Met l'enfer sur la terre.

6. Mais la concorde, enfant du ciel,
   En mille biens féconde,
D'un lien tendre et fraternel
   Veut entourer le monde.
Par là nos biens sont augmentés,
Et mille maux sont évités :

Vos larmes sont les nôtres,
Et nos plaisirs les vôtres.

7. Efface à jamais de nos cœurs,
   Dieu de paix! la vengeance;
Plus de discorde, plus d'aigreurs :
   Étouffe la semence
Des funestes divisions,
Des haines, des dissensions;
   Détruis la noire envie,
   Fléau de notre vie.

8. Inspire-nous la charité,
   L'esprit de patience,
Remplis nos cœurs d'humilité,
   Source de l'indulgence;
Daigne, Seigneur! nous l'enseigner,
Et rends-nous, prompts à pardonner,
   Humains envers nos frères,
   A nous-mêmes sévères.

9. Ainsi nous passerons nos jours
   Dans la douce concorde,
Certains de ton divin secours,
   Dieu de miséricorde !
Frères unis, nous bénirons
Ton saint nom; nous ne formerons,
   Animés par ta flamme,
   Qu'un même cœur, qu'une âme.

170. Air : *Kommt herzu mir, spricht Gottes Sohn.*

1. CHRÉTIENS ! à notre Créateur
Vouons pour jamais notre cœur,
   Aimons l'Etre suprême !
Il est notre bien souverain ;
Mais il faut aimer le prochain ,
   Comme on s'aime soi-même.

2. Pardonnons à qui nous fait tort ;
Soyons l'asile , le support
   De ceux qui nous haïssent.
Prions pour nos persécuteurs ,
Bénissons du fond de nos cœurs
   Tous ceux qui nous maudissent.

3. Faisons ainsi connoître à tous
Que l'Etre bienfaisant et doux
   Est vraiment notre père ;
Lui qui répand du haut des cieux
Sur les bons, sur les vicieux
   La pluie et la lumière.

4. Nous t'implorons, Dieu de bonté !
Qu'un rayon de ta charité
   Descende dans notre âme !
Qu'il y détruise en ce moment
La haine et le ressentiment ;
   Qu'il l'épure et l'enflamme.

RENONCEMENT AU MONDE.

173. Air : *Ach Gott und Herr.*

1. Monde trompeur,   Monde flatteur !
Tes promesses sont vaines :
Je hais tes lois ;   Sourd à ta voix,
Je briserai tes chaînes.

2. Tes plus beaux dons   Sont des poisons
Pour mon âme immortelle.
Tous tes appas   Ne valent pas
Une gloire éternelle.

3. Plaisirs brillans !   Des feux errans
Vous offrez l'image :
Plus on vous suit,   Et plus on fuit
Le vrai bonheur du sage.

4. Vous amusez,   Vous séduisez
L'homme vain et volage ;
Mais loin du port,   O triste sort !
Hélas ! il fait naufrage.

5. Mais le Chrétien   Connoît un bien,
Auguste, inestimable :
C'est la faveur   Du Créateur
A jamais adorable.

6. Point de douceur,   Point de bonheur
Qu'au sein du Dieu suprême :
Plus on connoît   Ce qu'il a fait
Pour nous, et plus on l'aime.

7. Tout mon plaisir　　　Est de sentir
　　　Qu'il est mon tendre père ;
Et mon devoir　　　Est de vouloir
　　　Tout ce qui peut lui plaire.

.8 Tout mon desir　　　Est d'obéir
　　　A Jésus-Christ mon maître ;
Tous ses bienfaits,　　　Puis-je jamais
　　　Assez les reconnoître ?

～～～～～～～～～～～～～～～～～～～

177. AIR : *Befiehl du deine Wege.*

1. SEIGNEUR ! dès mon enfance
J'éprouvai tes bienfaits ;
Que ma reconnoissance
T'en bénisse à jamais !
En vain, monde fragile !
M'offres-tu ta faveur :
Dieu seul est mon agile,
L'aimer est mon bonheur !

2. Il règne dans mon âme ;
Son amour la remplit :
L'ardeur dont il l'enflamme,
M'élève et m'ennoblit.
Quand ma vertu chancele,
Sa grâce est mon appui ;
Il ranime mon zèle ;
Je triomphe par lui.

3. Si mon âme fidèle
L'aime jusqu'à la mort,

Une gloire éternelle
Sera mon heureux sort.
En vain, monde fragile !
M'offres-tu ta faveur :
Dieu seul est mon asile ;
L'aimer est mon bonheur.

180. *Air du Numéro 7.*

1. Oui, je l'attends, Seigneur ! je l'attends avec
    joie,
Ce jour, cet heureux jour, où mes maux pren-
    dront fin.
Jusques à quand, ô Dieu ! demeurerai-je en proie
    Aux hasards d'un triste destin ?

2. Où trouver ici-bas le bonheur véritable ?
Il ne réside point parmi des monceaux d'or.
Hélas ! le riche même est encor misérable,
    S'il n'a pas plus que son trésor.

3. Est-ce au milieu des grands que l'on peut te
    connoître,
Pure félicité ! centre de tous nos vœux ?
Que nous cache ce rang où le ciel les fit naître ?
    Hélas ! d'illustres malheureux !

4. Non, les grands, ni les biens, objets de notre
    envie,
Ne peuvent de mon cœur contenter les désirs.
Pour adoucir mon sort, passerai-je ma vie
    Dans le sein des bruyans plaisirs ?

5. Dans le sein des plaisirs! quoi! voluptés
    charnelles!
Qui creusez sous nos pas des abîmes de maux,
Quoi? les cœurs transpercés de vos flèches
    mortelles,
    Pourroient goûter un doux repos?

6. Douces pour un instant, vos suites sont amères;
Vous offrez à nos yeux des fruits empoisonnés.
Je ne vois parmi ceux à qui vous fûtes chères,
    Que des êtres infortunés.

7. Où trouver, ô mon Dieu! le bonheur véritable?
S'il n'est point fait pour moi, prends pitié de
    mon sort;
Hâte-toi de finir les jours d'un misérable
    Qui ne demande que la mort.

8. Mais que dis-je? insensé! dans ma douleur
    extrême
Ai-je donc oublié que mon Père est aux Cieux,
Que ce Père est puissant, que ce père qui m'aime
    Veut et peut bien me rendre heureux?

9. Rentre dans ton repos, ô mon âme agitée!
L'Eternel est ton Dieu; fais cesser tes soupirs.
Ce Dieu veut te donner, après t'avoir tentée,
    L'objet de tes ardens désirs.

10. Je n'irai plus qu'à toi, Dieu! mon céleste Père!
Désormais vers toi seul je lèverai mes yeux.
Je le sais, mes vertus m'obtiendront pour salaire
    L'héritage éternel des Cieux.

SUR LA MORT.

183. AIR : *Wie gros ist des Allmächtgen Güte.*

1. MA vie à peu de jours bornée
S'écoule avec rapidité ;
Mais quand ma course est terminée,
Je vois naître l'éternité.
Grand Dieu ! fais qu'à ma dernière heure,
Je me prépare par la foi ;
Et quand tu voudras que je meure,
A bien mourir dispose-moi.

2. C'est en vain que l'homme refuse
De songer au jour du trépas ;
Insensé celui qui s'abuse,
Tandis que la mort suit ses pas :
Jeunesse, valeur, opulence,
Beauté, vertu, talens, grandeur,
Rien n'exempte de sa puissance,
Et rien ne fléchit sa rigueur.

3. Peut-être que cette journée
Sera la dernière pour moi ;
La plus riante matinée
Peut avoir un soir plein d'effroi.
Daigne jusqu'à ma dernière heure,
O mon Dieu ! veiller sur mon sort ;
Et quand tu voudras que je meure,
Sois encore mon Dieu dans ma mort.

184. Air : *Meinen Jesum lass ich nicht.*

1. Notre vie est un instant,
Et notre mort est certaine ;
Chaque jour, chaque moment
Vers le tombeau nous entraîne.
O mortel ! songe à ta fin,
N'attends pas au lendemain.

2. Vis comme un jour tu voudras
Avoir employé ta vie,
Quand des terreurs du trépas
Ton âme sera saisie :
L'homme qui vit sagement,
Craint peu son dernier momen

3. Les richesses, les grandeurs,
Qu'ici bas le monde donne,
Dans la mort, dans ses frayeurs,
N'ont pu consoler personne.
Le trépas rompt les liens
Qui l'attachent à tes biens.

4. Ta justice te suivra ;
Ta vertu, ton innocence,
Lorsque Dieu t'appellera,
Te rempliront d'assurance.
C'est le bien qu'il faut chercher,
Rien ne peut te l'arracher.

5. Mais si tu veux l'acquérir,
Aime ton Dieu, veille et prie ;

Sois toujours prêt à mourir ,
Pense au terme de ta vie.
La mort ne répand d'horreur
Que dans l'âme du pécheur.

~~~~~~

SUR L'IMMORTALITÉ.

189. AIR : *O Gott du frommer Gott.*

1. SEROIS-JE anéauti quand je cesse de vivre ?
Non ; de ses fers alors mon âme se délivre ;
Le corps, né de la poudre, à la poudre est rendu ,
L'esprit retourne au ciel , dont il est descendu.

2. De tout bien qui périt mon âme est mécontente ;
Grand Dieu ! c'est donc à toi de remplir mon
        attente :
Tu le veux ; c'est toi seul qui l'inspire à mon cœur :
Tu ne peux m'abuser , ô sage Créateur !

3. Si j'attends vainement une gloire immortelle ;
Falloit-il me donner un cœur qui n'aimât qu'elle ?
Si je dois me borner au plaisir d'un instant ,
Falloit-il pour si peu m'appeler du néant ?

4. D'une vie à venir je n'ai plus aucun doute ,
Quand tout dans ce séjour me trompe et me dé-
        goûte ,
Quand je vois le méchant dans la prospérité ,
Et le juste luttant avec l'adversité.

5. J'élève alors mes yeux vers un juge suprême ,
Et je le reconnois dans ce désordre même :
~~~~~~

S'il le permet, il doit le réparer un jour;
Il veut que l'homme espère un plus heureux séjour.

6. Oui, pour un autre temps Dieu, mon juge et
 mon père,
Ainsi que sa bonté réserve sa colère.
La mort et ses frayeurs ont beau nous assaillir;
La mort peut tout changer, mais rien ne peut
 périr !

7. De l'immortalité nourrissons l'espérance?
Le Dieu qui nous forma nous montre sa puis-
 sance.
Il nous aime ce Dieu : son amour généreux
Comblera de nos cœurs les légitimes vœux.

190. AIR : *Begleite mich, o Christ..*

1. ESPOIR d'une vie immortelle,
Seul charme des cœurs abattus!
Toi, dont la sagesse éternelle
Fit le ressort de nos vertus!
Non, tu n'es point une chimère,
La raison, la nature entière,
Tout me parle d'un avenir;
Et d'une existence future
L'Eternel lui-même m'assure,
Puisqu'il m'en donna le désir.

2. Que cette solide espérance
Ajoute à ma félicité!

Avec quelle reconnoissance
J'y découvre, ô Dieu! ta bonté!
Sans une durée infinie
Les plus doux liens de la vie
N'en seroient plus que le poison.
Je pleurs un ami cher et tendre;
Si rien ne devoit me le rendre,
Dieu! quel douloureux abandon!

3. Quoi, tant de facultés sublimes,
Que l'homme obtint du Tout-puissant,
Deviendroient les tristes victimes
Et du sépulcre et du néant?
Un être intelligent et sage
N'en eût point fait notre partage,
S'il n'eût voulu les employer.
Hélas! dans cette courte vie
Ce n'est que la moindre partie
Que l'âme peut en déployer.

4. Si leur sort est d'être détruites,
Dieu créa quelque chose en vain;
Si peu de jours sont leurs limites,
Mon âme a manqué son destin.
Mais non, mon active pensée,
Ici par le doute éclipsée
S'éclairera de plus en plus.
Mon cœur ici toujours fragile,
Au sein de l'éternel asile,
Ira de vertus en vertus.

5. Grand Dieu! je vois fleurir le vice,
L'innocent est persécuté;

A quoi reconnoître ta justice,
S'il n'est point d'immortalité !
Tes lois, ta sainteté suprême
T'empêchent de traiter de même
L'homme juste et le criminel.
Si la probité sans refuge
N'attendoit un souverain juge,
Combien son sort seroit cruel ?

6. Oui, l'équitable providence
S'apprête à réparer un jour
Les désordres qu'en apparence
Elle autorise en ce séjour.
La mort ne détruit point notre être ;
Si nous mourons, c'est pour renaître :
L'homme est fait pour l'éternité.
L'instant où nous cessons de vivre.
Est le moment qui nous délivre
Des malheurs de l'humanité.

JUGEMENT DERNIER.

192. AIR : *O Gott, du frommer Gott.*

1. RÉVEILLE-TOI, mortel ! songe, sans plus
        attendre,
Songe à ce compte exact qu'un jour il faudra ren-
        dre ;
Rappelle-toi souvent le moment solennel
Qui fixe sans retour ton destin éternel.

2. Réfléchis, il est temps : oses-tu comparoître
Devant le tribunal de ton souverain maître ;
Devant ton Dieu, ton juge, à qui rien n'est caché,
Qui jusqu'au fond des cœurs découvre le péché ?

3. Ce Dieu que n'éblouit aucun don, que n'abuse
Ni le mensonge adroit, ni la frivole excuse ;
L'Eternel rend justice, et pèse au même poids,
Et les fautes du peuple, et les fautes des rois.

4. Pécheur infortuné ! que pourras-tu répondre
A ce Dieu juste et saint qui viendra te confondre
Toi, que déjà remplit d'un invincible effroi,
Le courroux impuissant d'un mortel comme toi.

5. Repens-toi ! n'attends pas, pour renoncer au
        vice,
Ce jour terrible où Dieu déploiera sa justice ;
Où rongé, déchiré par des remords cuisans,
Ton cœur enfantera les plus cruels tourmens.

6. Heureux l'homme de bien qui vit dans l'inno-
        cence,
La paix de la vertu sera sa récompense :
Au jour du jugement finiront ses revers ;
Bientôt il oubliera les maux qu'il a soufferts.

ÉTERNITÉ.

195. Air : *Wie gros ist des Allmächtgen Güte.*

1. IMMORTALITÉ ! douce attente
Du sage dans l'adversité ;

Que ton idée est consolante !
Qu'elle élève l'humanité.
La mort n'a plus rien de terrible ;
Elle ne détruit que le corps :
L'âme demeure indestructible ,
Rien n'en altère les ressorts.

2. Bientôt au bout de ma carrière ,
Une autre s'ouvrira pour moi ,
Resplendissante de lumière ,
Où je marcherai sans effroi.
Je me berce ici d'espérances ;
Tout mon savoir est vanité ;
Là , s'étendront mes connoissances ,
Je trouverai la vérité.

3. Planant au-dessus des étoiles ,
Parcourant ces globes divers ,
Mes yeux face à face et sans voiles ,
Verront le Dieu de l'univers.
Au céleste concert des anges
S'uniront mes foibles accens ;
Et je publierai les louanges
Du Dieu des mondes et des temps.

4. Revêtus de gloire immortelle ,
Vous aussi me serez rendus ,
Enfans, amis , époux fidèle ,
Nos liens ne sont pas rompus.
Mes yeux vous reverront encore
Au sein de la félicité.
Doux espoir ! grand Dieu ! que j'implo
Conduis-moi vers l'éternité.

HYMNE ALLEMAND

COMPOSÉ

Par feu C. G. PFEFFEL de Colmar.

Jehovah ! Jehovah ! Jehovah !
Deinem Namen sey Ehre, Macht und Ruhm,
Amen, Amen.

Bis einst der Tempel dieser Welt
Auf dein Wort in Staub zerfällt,
Soll in unsern Hallen
Das Heilig ! Heilig ! Heilig ! erschallen.
Hallelujah ! Hallelujah !

IMITATION EN FRANÇAIS.

Sur le même air.

197.

Dieu de bonté ! Dieu de bonté !
Qu'à ton nom soit la gloire à toute éternité !
Amen ! Amen !
Nous unissons aux saints concerts
Qu'entonne tout l'univers
Notre humble prière.
Sois nous propice, ô notre père !
Alleluia ! Alleluia.

TABLE ALPHABÉTIQUE
DES CANTIQUES
CONTENUS DANS CE RECUEIL.

FIN DE LA TABLE.

www.ingramcontent.com/pod-product-compliance
Lightning Source LLC
Chambersburg PA
CBHW071317030726
47594CB00002B/456